이 책을

_____

_____에게

드립니다.

사랑하는 나의 가족과 친구들 그리고
어린 독자들에게 이 책을 바칩니다.
잃지 말았어야 할 것들에 대한 슬픔과
아직 지켜 낼 수 있는 것들에 대한 희망을 담아.

J. M.

헤이즐 리처즈 박사님, 캐럴라인 포스터, 앨리스 서덜랜드호스.
이 세 분의 소중한 시간과 전문 지식이 없었다면
이 책은 세상에 나오지 못했을 것입니다.

# LOST

글·그림 제스 맥기친 | 옮긴이 신영

더숲 STEAM

**Lost by Jess McGeachin**

First Published in Great Britain in 2024 by Carlton Books Limited
First Edition Published by Welbeck Editions, An Imprint of Hachette Children's Group
Text and Illustrations © Jess McGeachin 2024
Korean Translation Rights © The Forest Book Publishing Co. 2025
Published by Arrangement with Carlton Books Limited through AMO Agency
All rights reserved.

이 책의 한국어판 저작권은 AMO에이전시를 통해 저작권자와 독점 계약한 도서출판 더숲에 있습니다.
저작권법에 의해 한국 내에서 보호를 받는 저작물이므로 무단 전재와 무단 복제를 금합니다.

## 차례

| | |
|---|---|
| 잃어버린 세계를 찾아서 | 7 |
| | |
| **잃어버린 세상** | **8** |
| 이빨과 발톱의 세계 | 10 |
| 새로운 시작 | 12 |
| 거대 동물들을 소개합니다 | 14 |
| 사피엔스를 만나 보세요 | 16 |
| | |
| **잃어버린 도시들** | **18** |
| 아직 발견되지 않은 이야기 | 20 |
| 베수비오의 그림자 | 22 |
| 바닷속에 잠긴 도시 | 24 |
| | |
| **바닷속으로 사라진 배들** | **26** |
| 반짝이는 건 모두 보물이야 | 28 |
| 인듀어런스, 인내로 떠난 여정 | 30 |
| 빛을 따라가다 | 32 |

| | |
|---|---|
| **자연 속에 숨은 채로** | **34** |
| 자연이 만든 놀라운 변장술 | 36 |
| 사바나에 숨은 동물들 | 38 |
| 자연 속 변화의 비밀 | 40 |
| 집으로 가는 길 | 42 |
| | |
| **영원히 사라진 존재들** | **44** |
| 사라진 존재들이 우리에게 남긴 것 | 46 |
| 위험에 처한 생명들 | 48 |
| 멸종의 문턱에서 살아난 희망 | 50 |
| 이제 남은 일은 우리 몫이에요 | 52 |
| | |
| **잃어버린 친구와 다시 만나다** | **54** |
| 다시 야생으로 | 56 |
| 다시 찾아온 기회 | 58 |
| | |
| **잃어버린 세계로 떠나는 나침반** | **60** |
| 길을 찾아서 | 61 |
| | |
| 용어 사전 | 62 |
| 찾아보기 | 63 |

# 잃어버린 세계를 찾아서

우리는 이제 시간 여행을 떠나려 해요. 아주 먼 옛날 이 땅에 살았던 생명들과 사람들을 만나러 가는 거죠.

고대 도시의 거리를 거닐고 나무로 만든 배를 타고 미지의 바다로 항해할 거예요. 모험에는 늘 위험이 따르기 마련입니다. 날카로운 이빨을 가진 호랑이, 미끌미끌한 바닷속 괴물, 예고 없이 떨어지는 커다란 운석을 조심해야 해요!

옛날에는 놀라운 것들이 가득 있었지만, 지금 이 순간에도 신기한 생물들이 우리와 함께 살고 있어요. 색을 바꾸는 여우, 멋진 옷을 입은 게, 날개에 눈이 달린 것 같은 나방까지! 이 모든 신비로운 생명체가 우리 지구를 집으로 삼아 살아가고 있지요.

하지만 우리는 가끔 이 지구가 우리만의 것이 아니라는 사실을 잊곤 해요. 안타깝게도 이미 많은 동물이 사라져 버렸어요.

그래서 이제 조금 다른 길을 찾아보아야 할 때일지도 몰라요. 길을 잃어도 괜찮으니까 걱정하지 말아요. 언제든 새로운 길을 찾아 나설 수 있거든요!

## 백악기*의 소리를 들어 봐요!

먼 옛날 지구는 지금보다 훨씬 시끌벅적한 곳이었어요. 공룡 파라사우롤로푸스는 머리 뒤쪽에 속이 빈 볏을 가지고 있었는데, 아마도 이 볏으로 뿔나팔처럼 낮고 둥둥 울리는 소리를 냈을 거예요. 과학자들은 화석으로 남은 두개골의 디지털 모델을 이용해 이 공룡이 냈을지도 모를 소리를 재현했어요. 그렇게 해서 6,700만 년 만에 처음으로 잃어버렸던 노래가 세상에 울려 퍼지게 되었답니다!

*약 1억 4,500만 년 전부터 약 6,600만 년 전까지 약 8,000만 년간에 이르는 시대. 바다에는 해양파충류와 암모나이트가, 육지에는 공룡이 살았다.

## 무엇이 달라졌는지 찾아볼까요?

이 숲에는 익숙하게 느껴지는 것들이 있지 않나요? 예를 들면 달콤한 향기를 풍기는 꽃이나 살랑이는 바람에 춤추는 잠자리 같은 것들 말이에요.
사실 백악기 후기가 되면서 우리가 지금도 볼 수 있는 많은 식물과 곤충이 하나둘 등장하기 시작했지요. 오래전부터 자연은 지금과 비슷한 모습으로 변화해 온 셈이에요.

### 알록달록 공룡 세상

오늘날 많은 동물이 그렇듯 공룡들에게도 멋진 외모는 매우 중요했어요. 밝은색 볏이나 멋진 장식이 있는 공룡이라면 짝을 찾는 데 유리했겠죠!
하지만 너무 튀기만 하면 위험할 수도 있지요. 모든 것에는 균형이 필요해요. 포식자로부터 몸을 숨기려면 주변 환경과 잘 어울려야 했을 거예요.

## 잃어버린 세상

아주 오래전 어쩌면 지금 우리가 있는 곳과 멀지 않은 곳에서, 하드로사우루스 무리가 아침 식사로 양치식물을 우적우적 씹고 있었을지도 몰라요. 그리고 '빠앙!' 하는 소리와 '크르릉' 하는 소리가 산소가 풍부한 공기 속에서 합창처럼 울려 퍼졌겠죠.

그런 세상은 이제 사라져 버렸지만, 화석 덕분에 우리는 그 모습과 소리를 상상해 볼 수 있어요. 그리고 아직도 발견되지 않은, 더 많은 비밀이 우리를 기다리고 있을지도 몰라요!

### 공룡이 정말 무서웠을까요?

공룡이라는 영어 단어 dinosaur(다이너소)는 그리스어로 '무서운 도마뱀'이라는 뜻이에요. 만약 여러분이 공룡 시대에 살았던 작은 포유류라면 이 말에 동의하겠죠. 공룡들은 우리가 영화에서 보는 것처럼 정말 그렇게 무서운 존재였을까요? 우리는 아직 공룡들이 어떤 모습이었는지 정확하게 알지 못하죠. 하지만 호기심 가득한 마음으로 탐구하면 언제나 많은 것을 발견할 수 있답니다.

# 이빨과 발톱의 세계

공룡들은 다양한 모습으로 진화했어요. 볏이 달린 조반류, 목이 길게 뻗은 용각류, 영리한 수각류까지! 공룡은 정말 여러 종류가 있었답니다.

고생물학자들은 지금도 새로운 화석을 발견하지요. 화석은 수백만 년 전에 사라진 거대 생물들이 어떤 모습이었는지를 보여 주는 청사진과도 같아요.

**벨로키랍토르**
백악기 후기, 약 7,500만 년 전

## 수각류처럼 생각해 봐요!

수각류 공룡은 두 발로 걷는 공룡들이에요. 널리 알려진 공룡 중 하나인 티라노사우루스 렉스도 바로 수각류에 속하죠. 모든 수각류가 무시무시하게 생긴 건 아니에요. 복슬복슬한 털을 가진 친구도, 작고 날개처럼 생긴 팔을 가진 친구도 있었어요. 이들은 하늘을 날지는 못했지만 시간이 흐르면서 결국 새로 진화했답니다.

**스피노사우루스**
백악기 후기, 약 9,900만 년 전

**디플로도쿠스**
쥐라기 후기, 약 1억 5,000만 년 전

**브라키오사우루스**
쥐라기 후기, 약 1억 5,000만 년 전

## 용각류가 목이 긴 이유는?

초식을 하는 용각류 공룡은 마치 거대한 풀 청소기 같은 존재였어요. 긴 목 덕분에 몸을 그다지 움직이지 않고도 높은 곳에 있는 나뭇잎이나 멀리 있는 양치식물을 쉽게 먹을 수 있었어요. 역사상 가장 거대한 육상 동물인 용각류 공룡에게 긴 목은 매우 쓸모 있는 에너지 절약 수단이었지요.

에드몬토사우루스
백악기 후기, 약 7,300만 년 전

## 화려한 조반류 공룡들

조반류 공룡들만큼 멋쟁이 공룡은 없었답니다. 트리케라톱스처럼 초식을 하는 공룡들은 큰 무리를 지어서 살았지요. 그런데 언제나 육식 공룡들의 위협에 시달려야 했어요. 그래서 이 초식 공룡들은 뿔, 뾰족한 돌기, 단단한 등판, 볏을 지니고 있었던 거예요. 자신을 지키는 방패이자 외모를 뽐내는 장식이었던 거죠!

스테고사우루스
쥐라기 후기, 약 1억 5,500만 년 전

### 트리케라톱스는 부끄러우면 빨개졌을까?

트리케라톱스의 목 프릴은 혈관을 잔뜩 갖고 있어 짝을 유혹할 때 붉은색으로 물들었을지도 몰라요. 또 스테고사우루스의 등판처럼 한낮에 햇볕을 흡수하거나 무더울 때 열을 식혀서 체온을 조절하는 역할을 했을 수도 있지요.

트리케라톱스
백악기 후기, 약 6,800만 년 전

## 모든 이야기에는 끝이 있어요

공룡들은 지구에서 완벽하게 적응하며 살아남아 수백만 년 동안 번성했죠. 하지만 공룡들에게 가장 큰 위협은 지구가 아닌 우주에서 찾아왔어요. 공룡들이 번성하는 데 도움이 되던 모든 것이 순식간에 오히려 커다란 문제가 되고 말았어요.

11

## 새로운 시작

아주 가끔 엄청난 대멸종 사건이 일어나 세상을 완전히 바꿔 놓았어요. 6,600만 년 전 거대한 운석이 멕시코 유카탄반도에 충돌하면서 지구에 살던 동물 종 가운데 4분의 3이 사라져 버렸어요. 그중에는 마지막 공룡들도 있었죠.

이건 슬픈 소식이지만, 좋은 소식도 있어요! 이 사건은 새로운 생명체들이 등장하고 진화할 수 있는 기회가 되었거든요. 그리고 그 새로운 생명체 중 하나가 바로 우리 인간이랍니다!

## 작은 생존자들

때로는 땅속에 숨는 것이 가장 안전한 방법이에요. 작은 포유류들은 재빨리 몸을 숨겨 커다란 운석이 떨어질 때 닥친 최악의 상황을 피할 수 있었어요. 그들은 시간이 흐른 뒤 조심스럽게 밖으로 나와 완전히 달라진 세상과 마주했죠. 앞날이 쉽지는 않았지만, 지금 지구에 사는 모든 포유류는 그때 살아남은 작은 친구들 덕분에 존재할 수 있는 거예요.

## 악어는 변함없어요

이미 완벽한 디자인을 가졌다면 굳이 바꿀 필요가 없겠죠? 변온동물인 악어는 오랫동안 먹지 않고도 버틸 수 있어요. 에너지를 아껴 쓰는 이 능력이 있어 먹을 것이 부족해도 살아남을 수 있었던 악어는 지금까지 거의 변하지 않은 채 살아왔답니다.

## 다시 피어나는 양치식물

공룡이 사라진 대멸종 사건으로 지구의 숲은 몽땅 사라지고 말았어요. 하지만 잿더미 속에서도 초록빛 새싹들이 피어나기 시작했지요. 양치식물과 균류는 비교적 빠르게 자랐고, 바람을 타고 포자를 멀리멀리 퍼뜨리며 다시 초록빛 세상을 만들어 나갔어요.

## 놀라운 닭의 조상

과학자들은 공룡과 함께 살았던 닭과 비슷한 새의 화석 증거를 발견했어요. 이 새는 몸집이 작고 다양한 모이를 먹을 수 있었기 때문에, 생명체 대부분이 사라진 대멸종에서 살아남을 수 있었던 것으로 보여요. 존경할 만하지 않나요?

# 거대 동물들을 소개합니다!

공룡들이 사라지고 나자 남겨진 포유류, 조류 그리고 도마뱀들은 급격하게 진화하며 성장했어요. 새로운 먹이를 활용하거나 추운 환경에서 살아남기 위해 몸집이 커진 것이죠. 지금 그들 대부분은 사라졌지만, 일부 후손이 여전히 살아남아 있어요. 이를테면 거대한 코모도왕도마뱀이 그렇답니다.

**파라케라테리움**
올리고세* 초기, 약 3,400만 년

* 신생대 제3기를 다섯으로 나눌 때 세 번째 시기. 온난하여 조개류와 유공충류가 번성하고 포유류, 속씨식물이 발달했다.

**우인타테리움**
에오세* 초기, 약 5,000만 년 전

* 신생대 제3기를 다섯으로 나눌 때 두 번째 시기. 온난하고 습윤하여 석탄층이 많이 퇴적했다.

## 커지고, 커지고, 더 커지고!

거대 동물 중에는 오늘날 우리가 볼 수 있는 동물들의 초대형 버전도 있었어요. 하지만 어떤 친구들은 상상도 못할 만큼 신기한 모습을 하고 있었죠!
파라케라테리움은 긴 목을 가진 뿔 없는 코뿔소로, 지금의 아시아 지역 초원에서 풀을 뜯으며 살았어요. 키가 거의 5미터가량 되었고 몸 길이는 무려 7미터에 이르렀답니다.

**매머드**
플라이스토세* 후기, 약 40만 년 전

* 신생대 제4기의 첫 번째 시기. 인류가 발생하여 진화했다. 지구가 빙하로 덮여 몹시 추웠고 매머드 같은 코끼리류가 살았다.

## 매머드는 추위를 좋아해요

추운 기후에서는 몸집이 크고 털이 많은 생명체가 유리하지요. 매머드는 기후가 다시 따뜻해지기 전까지 이 점을 이용해 넓은 지역으로 퍼져 나갔답니다.
우리는 매머드와 같은 시대를 살아갈 뻔했어요. 고대 이집트에서 사람들이 피라미드를 쌓고 있을 때도 매머드는 여전히 시베리아 북쪽을 돌아다니고 있었거든요.

## 스밀로돈에게 미소 짓지 마세요!

스밀로돈은 '칼이빨호랑'이라고도 불리는데, 오늘날 우리가 아는 큰 고양잇과 동물들과는 먼 친척이에요. 이 근육질 포식자는 숲속을 조용히 돌아다니다가 방심한 먹잇감을 향해 단숨에 덮쳤지요! 특히 휘어진 날카로운 이빨은 무려 20센티미터나 되었답니다. 여러분의 팔뚝만큼 길었다고 하면 실감이 나겠죠?

**스밀로돈**
플라이스토세 초기, 약 250만 년 전

**글립토돈**
플라이스토세 중기, 약 100만 년 전

**자이언트모아**
플라이스토세 중기, 약 260만 년 전

**팔로르케스테스**
플라이스토세, 약 200만 년 전

## 한편 지구 반대편에서는

남반구에서도 생명체들이 점점 거대해지기 시작했어요. 거대한 유대류인 팔로르케스테스는 커다란 발톱으로 식물을 찢어 먹었고, 독을 가진 육지 도마뱀 메갈라니아는 다른 거대 동물들을 먹잇감으로 삼았지요. 꿀꺽! 무섭죠?

**메갈라니아**
플라이스토세, 약 150만 년 전

## 사피엔스를 만나 보세요

창밖으로 무엇이 보이나요? 푸른 나무들이 줄지어 서 있나요, 아니면 높은 빌딩들이 빽빽하게 늘어서 있나요? 2만 년 전 한 무리의 선사 시대 인간들이 동굴 입구에서 내다본 바깥 풍경은 지금과는 전혀 달랐답니다. 그곳에는 거대한 매머드, 들소, 털코뿔소가 어슬렁거리며 돌아다니고 있었지요. 다행히 그들은 그 풍경을 그냥 바라보고만 있지 않았어요. 바위 위에 그림을 그려 우리에게 잃어버린 세계의 모습을 남겨 주었거든요.

### 그림으로 남긴 기록

빙하기 마지막 시기에 살던 사람들은 동물 떼를 유심히 관찰한 뒤, 오늘날 프랑스에 있는 루피냐크 동굴('백 마리 매머드의 동굴'이라고도 부르죠)의 벽에 정성스럽게 새겼어요. 이런 동굴 벽화는 특별한 의미를 지녀요. 왜냐하면 화석만으로는 알기 어려운 멸종된 동물들의 털 색깔이나 무늬 같은 정보들을 알려 주기 때문이죠.

### 우리는 한 가족이에요

우리는 무척 오래된 인류의 계보에서 가장 최근에 등장한 존재예요. 우리 이전에도 여러 인류 종이 있었고, 각 종은 저마다 특별한 무언가를 더해 왔지요.

호모는 '인간'을 뜻하는 말로, 네안데르탈인으로 알려진 호모 네안데르탈렌시스 그리고 호모 사피엔스(바로 우리!) 등 여러 인류 종에 붙이는 이름입니다. 지금은 우리가 유일하게 남은 인류 종이지만, 그렇다고 해서 인류의 역사가 우리에서 끝나는 건 아닐지도 몰라요. 우리 다음에는 어떤 새로운 인류가 등장할까요?

### 미래에 남기는 흔적들

우리보다 훨씬 오래전에 살았던 인간들은 많은 것을 남기지 않았어요. 흙으로 그린 그림과 부서지기 쉬운 뼈들만 남겼지요. 시간이 지나면 그것들도 결국 먼지가 되어 사라지죠. 어쨌든 우리는 부드러운 흙 속 깊이 수많은 흔적들을 남길 거예요. 아주 먼 훗날 누군가 그것을 발견한다면, 과연 그들은 우리의 이야기를 어떻게 상상할까요?

## 막대기와 돌멩이

뾰족하게 깎은 막대기와 날카로운 돌. 이 단순한 도구들이야말로 인류 역사상 가장 위대한 발명품일지도 몰라요. 어쩌면 침팬지에게서 아이디어를 빌려 온 것일 수도 있지만요. 인간은 이 도구들 덕분에 불을 피우고, 집을 짓고, 사냥을 할 수 있었어요. 도구는 단순한 생존 수단이 아니라 우리가 사는 세상을 바꾸는 힘이 되기도 했답니다. 좋은 쪽으로든 나쁜 쪽으로든요.

## 유적이 들려주는 이야기

잃어버린 도시들은 멋진 이야깃거리가 되곤 합니다. 그래서 지금 이 책에서도 소개하고 있는 거죠! 마추픽추 같은 유적지는 관광객들에게 중요한 장소일 뿐만 아니라, 그 지역 사람들에게 소중한 수입원이 되기도 해요. 하지만 너무 많은 발걸음이 닿으면 한때 사라졌던 유적이 또다시 훼손될 수도 있어요. 그러니 조심스럽게 걸으며 과거의 흔적을 소중하게 지켜 주세요.

## 완벽한 블록 예술

마추픽추 같은 위대한 도시는 노예와 노동자의 손으로 지어졌어요. 그들의 이름은 잊혔지만, 그들의 놀라운 기술 덕분에 도시는 여전히 굳건하게 남아 있는 거예요. 마추픽추의 화강암 블록들은 시멘트로 만든 모르타르 없이도 완벽하게 맞물려 있지요. 그래서 지진이 일어나도 돌들은 마치 춤을 추듯 흔들렸다가 다시 제자리로 돌아오죠.

### 구름 속에 숨겨진 도시

스페인 정복자들은 발길이 닿는 곳마다 침략을 일삼았어요. 잉카 제국은 아즈테카 왕국과 마찬가지로 16세기에 무너지고 말았죠. 정복자들은 더 많은 것을 빼앗으려고 온 힘을 쏟았지만, 산속 깊이 숨겨진 마추픽추만큼은 끝내 찾지 못했지요. 그 덕분에 우리가 오늘날 이 놀라운 도시를 볼 수 있는 것이랍니다.

### 신성한 요새

마추픽추가 어떤 목적으로 지어졌고, 왜 버려졌는지 정확하게 알 수는 없어요. 잉카인은 자신들의 비밀을 글로 남기지 않았거든요. 그래서 고고학자들은 몇 가지 추측을 하고 있어요. 신을 숭배하는 신성한 장소였을 수도 있고, 별과 하늘을 관찰하던 곳일 수도 있고, 혹은 왕이 제국의 위엄을 자랑하던 곳일 수도 있다고 말입니다.

# 잃어버린 도시들

페루의 높은 산맥 위 잉카 제국의 성채 마추픽추가 우뚝 서 있어요. 가파른 절벽에 돌로 지어진 신전들이 자리 잡고 있고, 그 아래 계곡에서는 안개가 소용돌이치듯 피어오르죠. 400년 동안 잊혔던 도시.

도시를 잃어버린다는 것은 어떤 순간일까요? 기후 변화나 전쟁 때문에 더 이상 살 수 없어 마지막 남은 사람이 떠난 때일까요? 아니면 후손들의 기억에서 완전히 사라지고 도시에 무너진 벽돌만 남게 된 때일까요?

# 아직 발견되지 않은 이야기

잃어버린 도시를 찾는 것은 거대한 공룡 화석을 발굴하는 것과 비슷해요. 모래 속에서 두개골의 작은 부분만 보여도 조금 더 깊이 파다 보면 건물과 도시 성벽의 뼈대가 모습을 드러내죠. 지구에서 가장 오래된 문명 중 일부는 여전히 사막 아래 깊이 잠들어 있지요. 우리는 이제 겨우 코끝을 찾아냈을 뿐이랍니다.

**페르세폴리스**
기원전 515년, 지금의 이란에 위치

**우르의 지구라트**
기원전 2100년, 지금의 이라크에 위치

**크테시폰의 아치**
기원전 400년, 지금의 이라크에 위치

## 모래 속 도시들

오늘날 세계에서 가장 오래된 도시들은 돌무더기와 잔해로만 남아 있지만, 오래전에는 풍요롭고 비옥한 땅이었어요. 메소포타미아의 도시 우르는 유프라테스강 근처에 세워졌고, 도시 한가운데에는 웅장한 지구라트 신전이 우뚝 서 있었죠. 그러나 강물의 흐름이 서서히 바뀌면서 이 도시는 몰락했어요. 우르를 무너뜨린 것은 적의 군대가 아니라 가뭄이었답니다.

**페트라**
기원전 400년, 지금의 요르단에 위치

## 돌 속에 새겨진 도시

때로는 땅 위에 무언가를 건설하기보다 자연이나 지형을 이용해 만드는 편이 훨씬 쉬울 때가 있어요. 나바테아인은 장밋빛 사암 절벽을 깎아 페트라라는 도시를 만들었는데, 그들은 절벽을 파서 사원·무덤·수도원을 짓고 놀랍도록 정교한 물길까지 설계했죠. 그 덕분에 페트라는 황량한 사막 한가운데서도 숨겨진 오아시스 같은 도시가 될 수 있었어요.

시기리야
5세기, 지금의 스리랑카에 위치

## 왕을 위한 요새

적들로부터 안전하게 살아가려면 접근하기 어려운 곳에 요새를 짓는 것이 가장 좋은 방법이겠죠. 시기리야는 스리랑카 중앙의 숲속에 있는 데다 우뚝 솟아오른 바위 요새예요. 꼭대기에 있던 사자 모양 궁전은 지금도 유적으로 남아 있습니다. 하지만 이 요새를 지어 자신을 지키려 했던 왕은 오래전에 권좌에서 쫓겨났답니다.

티칼
3~10세기, 지금의 과테말라에 위치

앙코르 와트
12세기, 지금의 캄보디아에 위치

## 덩굴 속 사원들

웅장한 건축물들은 때때로 산 자가 아닌 죽은 자를 위해 지어졌지요. 마야 문명의 사람들은 티칼에 계단식 피라미드를 세웠고, 크메르 제국은 앙코르에 힌두교와 불교 신앙을 위한 사원을 지었어요. 긴 세월이 흐르면서 이 신성한 고대의 벽들은 케이폭나무들로 뒤덮이게 되었어요.

## 베수비오의 그림자

어떤 도시는 수백 년에 걸쳐 서서히 모래에 묻혀 사라지고, 어떤 도시는 하루 만에 비극이나 전쟁으로 사라지죠. 폼페이는 로마의 여느 도시들과 다를 게 없었지만, 활화산인 베수비오산의 그림자 아래 놓여 있었어요. 이따금 들려오는 지진 소리에도 주민들은 크게 걱정하지 않았지요. 그러던 서기 79년 어느 가을날, 산에서 연기가 피어오르기 시작했어요.

## 사라진 도시의 속삭임

폼페이는 많은 유적이 그렇듯 우연히 발견되었어요. 지하 수로 공사를 하던 중 1,500년 동안 묻혀 있던 화려한 도시의 벽이 모습을 드러낸 거예요. 처음에는 관심을 받지 못한 채 도굴당하기도 했지만, 지금은 세계에서 손꼽히는 고고학 유적지 가운데 하나가 되었어요.

## 무엇이 남겨졌을까?

화산재에 의해 탄화된 갓 구운 빵, 완벽하게 보존된 전차, 수많은 항아리와 동전이 발굴되었어요. 이것들은 약 2,000년 전 폼페이 사람들의 일상생활을 보여 주지요. 그리고 화산재는 사람들의 마지막 순간을 고스란히 남겨 놓았답니다.

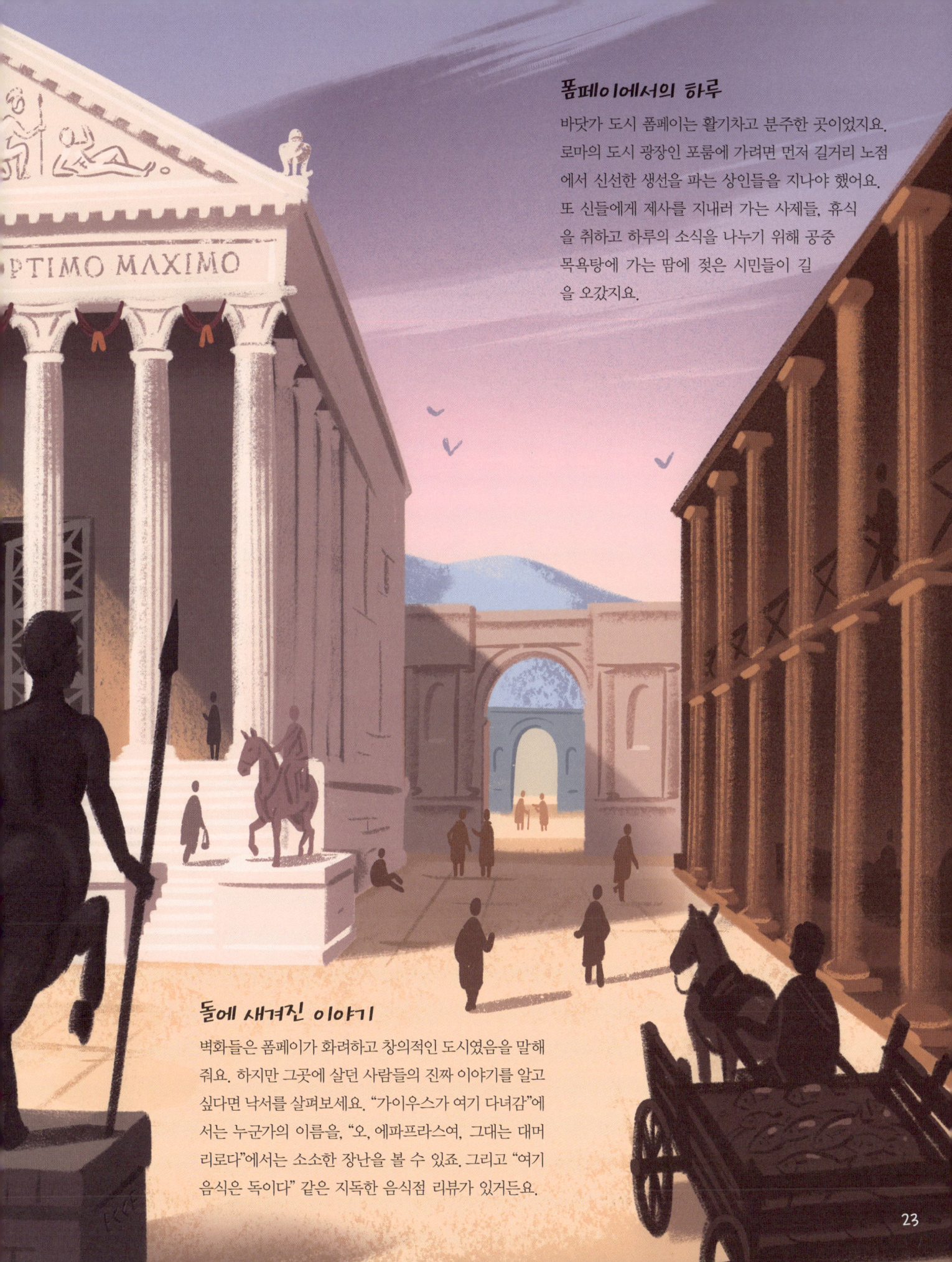

## 폼페이에서의 하루

바닷가 도시 폼페이는 활기차고 분주한 곳이었지요. 로마의 도시 광장인 포룸에 가려면 먼저 길거리 노점에서 신선한 생선을 파는 상인들을 지나야 했어요. 또 신들에게 제사를 지내러 가는 사제들, 휴식을 취하고 하루의 소식을 나누기 위해 공중목욕탕에 가는 땀에 젖은 시민들이 길을 오갔지요.

## 돌에 새겨진 이야기

벽화들은 폼페이가 화려하고 창의적인 도시였음을 말해 줘요. 하지만 그곳에 살던 사람들의 진짜 이야기를 알고 싶다면 낙서를 살펴보세요. "가이우스가 여기 다녀감"에서는 누군가의 이름을, "오, 에파프라스여, 그대는 대머리로다"에서는 소소한 장난을 볼 수 있죠. 그리고 "여기 음식은 독이다" 같은 지독한 음식점 리뷰가 있거든요.

## 바닷속에 잠긴 도시

질푸른 지중해 바닷속에 위대한 파라오가 잠들어 있습니다. 그는 약 2,000년 전 바닷속으로 가라앉은 고대 이집트의 무역항 토니스헤라클레이온을 지키고 있죠. 우리는 보통 고고학이라고 하면 사막에서 흙을 파헤치며 옛 문명을 찾는다고 생각하죠. 하지만 사실 지구의 대부분은 바다로 덮여 있으니 가장 놀라운 비밀들은 바닷속에 숨겨져 있지 않을까요?

## 수면 아래의 비밀들

토니스헤라클레이온을 찾으려고 고고학자들은 바다 밑바닥에 음파를 보내고, 지구 자기장을 측정해 바닷속에 뭔가 특별한 것이 있는지 살펴보았어요. 무언가 흥미로운 것이 감지되면 거대한 수중 진공청소기로 해저의 진흙을 빨아들여, 잃어버린 도시가 다시 세상의 빛을 보게 했답니다.

## 신화일까, 사실일까?

때로는 역사와 신화 사이의 경계가 분명하지 않기도 해요. 아틀란티스는 바다 위로 솟아오른 거대한 황금빛 도시였다고 전해져요. 그러나 그곳 사람들은 신들의 노여움을 샀고, 신들이 섬 전체를 바닷속으로 가라앉혔다고 해요. 많은 사람은 이 이야기를 그냥 전설일 뿐이라고 말하지만, 멋진 이야기는 언제나 작은 진실에서 시작되곤 한다는 사실을 기억하세요.

### 하나였던 두 도시

수세기 동안 고대의 두 도시에 관한 이야기가 전해 내려왔어요. 하나는 그리스의 도시 헤라클레이온, 다른 하나는 이집트의 무역항 토니스입니다. 그런데 어느 날 잠수 탐사팀이 고대 이집트 상형문자인 히에로글리프가 새겨진 거대한 비석을 발견하고 해독하면서 이 두 도시가 실제로는 하나의 도시였다는 사실이 밝혀졌어요. 토니스헤라클레이온, 이곳은 고대 그리스인과 이집트인이 공유한 도시였던 거예요.

### 사라질 위기에 처한 오늘날의 도시들

도시를 잃어버리는 일은 과거에나 있었던 이야기 같지만, 오늘날의 도시들 또한 해수면 상승으로 사라질 위기에 놓여 있답니다. 가라앉고 있는 수도를 옮길 계획을 세우고 있는 나라도 있는데, 그 비용을 감당하기란 보통 일이 아니에요. 미래의 고고학자들은 이런 도시들을 발견할 수 있을까요? 그들이 어디를 찾아야 할지조차 모르게 된다면요?

갈레온선*
* 스페인이 개발하여 15~17세기에 사용된 대형 범선.

페키니아 화물선

## 파도를 넘어

많은 고대 문화에서 푸른 수평선 너머의 바다는 메마른 육지보다 더 큰 가능성을 품고 있었어요. 고대 이집트인은 파피루스 갈대로 뗏목을 엮었고, 페니키아인은 둥근 나무배를, 폴리네시아의 항해자들은 이중 선체 구조의 카누를 정교하게 만들었어요. 이렇게 배의 모양은 달라도 모두 같은 목표를 가지고 있었지요. 그것은 바로 멀리 항해하고, 무사히 돌아오는 것이었죠!

## 경고! 여기 괴물이 있음!

양피지에 그려진 중세 시대 바다 지도에는 미끄덩거리는 뱀과 날카로운 이빨을 가진 괴물이 가득해요. 선원들은 육지를 떠나 바다로 나가면 무엇과 마주칠지 몰라 두려워했어요. 그래서 항해자들에게 위험이 도사리고 있다는 것을 알려 주기 위해 지도에 이런 괴물을 그려 넣었답니다. 어떤 것은 실제 동물에서 영감을 받아 그린 괴물이고, 어떤 것은 전설 속 모습보다 더 무섭게 그린 괴물이에요.

## 처음으로 키를 단 배 정크

바다 위를 쭉 곧게 나아가는 것도 좋지만, 방향을 쉽게 바꾸려면 키(방향타)가 필요해요. 고대 중국의 정크는 세계 최초로 키를 단 배였고, 돛에는 대나무로 보강한 뼈대가 들어 있었어요. 다루기 쉬워서 보물이나 군대를 실어 나르는 데 쓰였고, 심지어 해적들이 애용한 배였답니다!

정크

# 바닷속으로 사라진 배들

사람들은 오랫동안 바다를 건너 물건을 교환하고, 새로운 땅을 찾아 탐험해 왔어요. 때로는 자신이 뛰어난 모험가임을 증명하려고 위험한 항해를 떠나기도 했죠. 하지만 바다는 그렇게 너그러운 곳이 아니지요. 깊은 바다에 가라앉아 있는 난파선을 보면, 모든 항해가 무사히 끝난 것은 아니라는 사실을 알 수 있거든요.

다우선*

* 아랍과 동아프리카에서 사용된 범선으로, 바다의 실크로드를 항해했다.

드루아*

* 남태평양 피지 지역에서 만들어진 독특한 배. 두 척의 카누를 이어 붙여서 안정적이고 빠르다.

## 별빛을 따라 항해하다

폴리네시아의 항해사들은 태양과 별의 위치를 보고 섬과 섬 사이의 먼바다를 건넜어요. 바람이 부는 방향, 해류의 흐름, 새들이 나는 모습이 길을 찾는 데 도움이 되었지요. 이 항해 기술들은 노래처럼 입에서 입으로 전해졌어요. 종이 지도처럼 젖을 걱정이 없어서 훨씬 안전한 방법이었겠죠?

## 이 땅에 먼저 살았던 사람들

배를 만들고 바다를 누비며 어떤 문화는 성장하고 번영을 누렸어요. 여기에서 꼭 기억해야 할 점이 있어요. 그들이 '발견했다'고 말한 땅에는 이미 사람들이 살고 있었다는 사실이지요. 배는 단순한 이동 수단이 아니라 다른 나라를 침략하고, 땅을 빼앗는 도구가 되기도 했어요. 그 땅은 누군가의 것이었고, 지금도 누군가의 것입니다.

## 반짝이는 건 모두 보물이야

배가 가라앉으면서 함께 잃어버린 보물이라고 하면 사람들은 금화로 가득 찬 나무 상자를 떠올려요. 실제로 그런 보물이 발견된 적이 있고, 바닷속 어딘가에 남아 있을지도 몰라요. 하지만 어떤 사람들에게 진짜 보물은 금화나 보석이 아니에요. 잃어버린 연인의 편지, 오래전에 불렸던 노래, 무척 오래된 별자리 지도가 더 귀하게 느껴지기도 하거든요. 보석보다 빛나는 건 그 안에 담긴 이야기일 거예요.

**1708년에 침몰한 산호세호\*에서 발견된 금화**

\* 스페인 무적함대 소속 갈레온선. 2015년 콜롬비아의 바다에서 발견했고 약 23조 원어치의 금은보화가 실려 있었다.

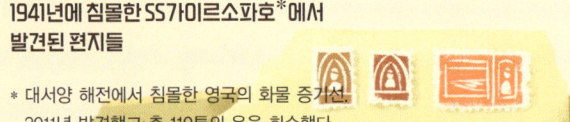
**1941년에 침몰한 SS가이르소파호\*에서 발견된 편지들**

\* 대서양 해전에서 침몰한 영국의 화물 증기선. 2011년 발견했고 총 110톤의 은을 회수했다.

### 전해지지 못한 편지들

제2차 세계 대전 중 침몰한 배 SS가이르소파호의 잔해를 인양한 사람들은 배에 은괴가 잔뜩 실려 있기를 기대했어요. 그러나 그들이 발견한 것은 전혀 다른 종류의 보물이었어요. 집으로 돌아가지 못한 사람들이 쓴, 보내지 못한 편지들이었죠. 그중 편집 한 통은 77년이 지난 후 마침내 편지 주인의 가족에게 전해졌어요.

### 거인의 그림자

한때 절대 가라앉지 않는 배로 여겨지던 타이타닉호의 잔해는 지금도 대서양 바닷속에서 천천히 사라지고 있어요. 그 난파선에서 건져 올린 물건들 중에는 중절모, 조개껍데기가 덕지덕지 붙은 클라리넷, 황동 망원경 한 쌍이 있답니다. 평범한 물건들이지만 이 모든 것에는 특별한 이야기가 담겨 있지요.

**1912년에 침몰된 타이타닉호에서 발견된 물건들**

## 고대의 첨단 기술

고대 그리스 사람들은 정말 대단한 것들을 발명했는데, 그중에는 세계 최초의 컴퓨터라고 할 만한 것이 있어요! 고고학자들은 로마 시대 배의 난파선에서 발견된 청동 장치 조각들이 2,000년도 더 전에 태양과 별의 움직임을 계산하는 데 쓰였을 거라고 생각하고 있거든요. 그런데 아쉽게도 사용 설명서가 발견되지 않았답니다.

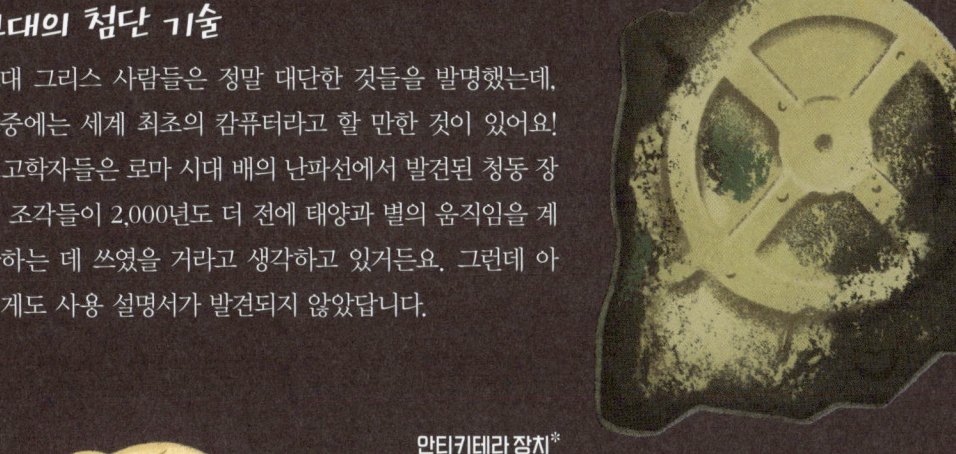

안티키테라 장치*

* 기원전 1세기에 만들었을 것으로 추정되는 세계 최초의 아날로그 컴퓨터.

400년에 침몰된 카이사레아 난파선에서 발견된 유물들

830년에 침몰된 벨리퉁 난파선에서 발견된 항아리

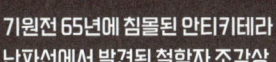

기원전 65년에 침몰된 안티키테라 난파선에서 발견된 철학자 조각상

## 인양인가, 약탈인가?

난파선에서 건져 낸 물건들은 종종 엄청난 돈이 되기도 하죠. 하지만 그 물건들의 진짜 가치를 미처 발견하지 못하고 넘어가곤 해요. 깨지기 쉽고 연약한 유물들에는 수많은 문화와 역사가 담겨 있어요. 그렇기 때문에 누가 그것을 꺼내야 할지, 보물을 꺼내는 것이 옳은 일인지 신중히 생각해야 해요.

## 인듀어런스, 인내로 떠난 여정

우리 인간은 누구도 시도해 본 적 없는 일에 도전하기를 좋아해요. 특히 친구들에게 들려줄 멋진 이야깃거리가 된다면 더더욱 그렇죠. 어떤 사람들은 파인애플과 땅콩버터가 들어간 특이한 샌드위치를 만들어 보는 것으로 만족해요. 그러나 어니스트 섀클턴에게 도전이란 누구보다 먼저 남극을 걸어서 횡단하는 것을 의미했답니다. 물론 모든 위대한 탐험이 그랬듯이 이 여정은 계획대로 흘러가지 않았죠. 신기하게도 정말 멋진 이야기들은 늘 그렇지 않나요?

### 한 사람도 남기지 않았다

인듀어런스호 선원 28명은 당장에라도 깨질 것 같은 얼음 위에 캠프를 치고 몇 달 동안 버텼어요. 그러다 멀리 떨어진 엘리펀트섬까지 배를 저어 갔죠. 그곳에서 어니스트 섀클턴은 소수의 팀원들과 함께 도움을 구하러 가는 위험한 여정에 나섰어요. 그리고 4개월 뒤 그들은 마침내 다시 돌아와 남아 있던 선원 모두를 무사히 구해 냈답니다.

### 얼음 속에 갇히다

1914년 섀클턴과 탐험 대원들은 탐험선 인듀어런스호를 타고 영국을 떠나 남극으로 향했어요. 그들은 움직이는 얼음으로 가득한 웨들해까지 도달했는데, 그곳에서 배가 얼음에 갇혀 버렸고 결국 차가운 바닷속으로 가라앉고 말았죠. 다행히 대원들은 배에서 탈출했지만, 이제 그들 앞엔 또 다른 문제가 생겼어요. 집으로 돌아갈 방법이 없었던 거예요.

### 유리판 속에 담긴 순간들

탐험대의 사진가 프랭크 헐리는 이 운명적인 여정을 사진과 초기 영상으로 담아냈어요. 많은 장면이 결국 얼음 속에 남겨질 수밖에 없었으나, 그는 필름 몇 롤과 유리판 100여 장을 간신히 지켜 냈어요. 그 덕분에 우리는 세상 끝에서 펼쳐진 용기와 모험의 순간을 지금도 생생하게 볼 수 있답니다.

**여정의 끝 그리고 새로운 발견**

인듀어런스호는 얼음 아래에 갇힌 채 100년 넘게 바닷속에 잠들어 있었어요. 그러다 2022년 과학자들로 이루어진 탐사팀이 원격 조종 잠수정을 이용해 해저를 샅샅이 수색했고, 놀랍게도 거의 완벽한 형태로 남아 있는 난파선을 발견했답니다. 어둠 속에서 반짝이는 ENDURANCE(인듀어런스)라는 금빛 글자가 마치 오랜 시간 기다려 왔다는 듯 그들을 맞이했어요.

## 빛을 따라가다

배의 선장에게 해안선은 뾰족뾰족한 바위와 숨겨진 암초로 가득한 미로 같아요. 칠흑 같은 어둠 속에서는 항해 지도도 소용없고, 거센 폭풍 속에서는 나침반도 쓸모없죠. 그럴 때 선장이 의지하는 건 바로 등대의 환하고 따뜻한 불빛이에요. 등대는 앞에 위험한 바다가 있다는 걸 조용히 알려 주는 길잡이랍니다. 등대는 오래전부터 바닷길을 비춰 왔으며, 지금도 바다 여기저기에서 선원들의 길잡이가 되고 있습니다.

## 나는 늘 여기 서 있어요!

등대는 모양도 크기도 다양해요. 네모난 요새처럼 생긴 등대, 예배당 같은 팔각형 등대, 둥근 탑 모양 등대가 있죠. 바다 위에 우뚝 솟아 있는 이 등대들은 때론 화려한 장식들로 꾸며져 있기도 해요. 수백 년 동안 한자리에 서 있어야 한다면 멋지게 보이는 게 좋지 않을까요?

## 반짝이는 아이디어

고대 이집트의 도시 알렉산드리아 위로 거대한 돌탑 하나가 치솟아 있었어요. 그 이름은 파로스 등대. 인류 역사상 가장 처음 세워지고, 그 시대에는 가장 높은 등대였답니다. 밝게 빛나는 불빛으로 배들이 항구로 들어오도록 안내했지요. 등대는 여러 왕과 침략자에게 무너지지 않고 견뎌 냈지만, 연이은 지진에는 끝내 무너지고 말았어요. 등대는 그렇게 바닷속 깊이 잠들게 되었지요.

기원전 280년 이집트 알렉산드리아에 세워진 파로스 등대

1세기에 세워져 현존하는 가장 오래된 등대인 스페인 헤라클레스 등대

1328년 영국에 세워진 세인트 캐서린 등대

1543년 이탈리아에 세워진 제노바 등대

## 연습은 완벽을 만든다!

영국 에디스톤 등대는 무려 네 번이나 다시 지어진 등대예요. 첫 번째 등대는 나무로 보기 좋게 만들었지만 큰 폭풍에 휩쓸려 사라졌고, 두 번째 등대는 튼튼한 참나무와 철로 만들었지만 등불에서 튄 불꽃 때문에 불타고 말았어요. 세 번째 등대는 돌을 하나하나 정성스럽게 깎아 쌓았고, 지금 우리가 볼 수 있는 네 번째 등대는 모든 실패와 경험을 바탕으로 세워진 것이랍니다. 이처럼 실패를 거듭하며 점점 완벽해진 등대야말로 배움을 통해 발전한 건축물이죠!

## 빛을 지키는 사람들

등대지기는 강인한 사람들이에요. 영국 롱스톤 등대의 등대지기 그레이스 달링과 그녀의 아버지는 험난한 바다를 헤치고 노를 저어 포파셔호 난파선의 생존자들을 구조했어요. 이런 용감한 이야기들 덕분에 등대지기들은 역사 속에서 기억되고 있답니다. 오늘날에는 그 수가 크게 줄었으나, 그들이 지켜 낸 빛과 용기는 언제까지나 우리 마음속에서 반짝일 거예요.

1759년 세 번째로 지었던 영국의 에디스톤 등대

1870년 북아메리카 해안에 세워진 해터러스곶 등대

1868년 지어졌고 빨간 지붕이 유명한 캐나다 페기스코브 등대

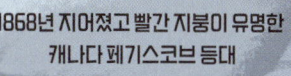

1918년에 지어졌고 '세상의 끝 등대'라 불리는 아르헨티나의 에클라이레우르스 등대

### 계절이 바뀌면 옷을 갈아입어요

북극여우는 겨울에는 새하얀 털옷을 입어요. 하지만 여름이 되면 하얀 털은 갈색으로 변신! 눈이 녹아 버린 북극에서 하얀 털은 너무 눈에 띄기 때문이죠. 북극여우만 이렇게 변신하는 건 아니에요. 북극토끼, 레밍('나그네쥐'라고도 부르죠), 흰올빼미도 계절에 따라 털 색깔을 바꾸며 자연에 적응합니다.

### 툰드라 아래의 비밀

툰드라의 얼어붙은 땅 위는 무척 위험한 곳이에요. 그래서 작은 설치류인 레밍은 땅속에 비밀스러운 터널을 여러 갈래로 파서 위로 올라가지 않고 안전하게 다니지요. 사실 눈은 생각보다 훌륭한 단열재예요. 그래서 북극뒤영벌도 겨울에는 땅속으로 들어가 긴 겨울잠을 푹 자며 따뜻하게 지낸답니다.

### 빛이 만든 착시

북극곰은 새하얀 털을 가진 것처럼 보이지만 사실 털은 투명하고, 피부는 새까맣답니다! 털 속의 작은 입자들이 햇빛을 여기저기로 흩어지게 해서 북극곰이 아침 햇살 속에서 하얗게 빛나는 것처럼 보이는 거예요.

## 자연 속에 숨은 채로

북극의 툰드라는 정말 살기 힘든 곳이에요. 울부짖는 바람은 공기를 얼려 버리고, 꽁꽁 얼어붙은 땅은 발밑에서 쩍쩍 갈라지죠. 이 척박한 풍경 속에서 눈에 띈다면 목숨이 위험할 수도 있어요. 다행히 자연에는 몸을 숨기는 기발한 기술을 가진 동물이 많답니다. 털 색깔을 바꾸는 동물, 빛을 반사하는 털을 가진 동물, 눈 밑에 비밀 터널을 파고 다니는 동물까지. 때로는 자연 속에 조용히 숨어 있는 것이 가장 안전한 방법이랍니다.

### 녹아내리는 땅, 변하는 세상

툰드라는 지금 빠르게 변하고 있어요. 그 땅 아래에는 영구 동토층, 즉 얼음과 돌로 이루어진 단단하게 얼어 있는 땅이 있어요. 그런데 지구가 점점 더워지자 얼어 있던 땅이 녹기 시작했어요. 땅이 녹으면 탄소가 이산화 탄소와 메탄 형태로 공기 중으로 퍼지는데, 이것들이 지구를 더욱 덥게 만든답니다. 이 문제를 해결하려면 서둘러 행동해야 해요. 북극의 동물들은 우리에게 알려 주죠. 언제든지 방향을 바꿀 수 있고, 더 나은 길로 나아갈 수 있다고요.

## 자연이 만든 놀라운 변장술

최고의 패션 비밀은 자연 속에 있지요. 자연 속 생물들은 자신의 모습을 감추는 데 천재들이에요! 어떤 녀석은 피부색을 바꾸고, 어떤 녀석은 몸을 꾸미고, 또 어떤 녀석은 자기 몸에서 빛을 내 몸을 숨기거든요. 그래도 들킨다면? 그냥 다른 녀석의 흉내를 내면 돼요.

## 자연은 속임수 천국!

숲바닥을 잘 들여다보면, 잎사귀처럼 생긴 꼬리를 가진 도마뱀이 낙엽 속에 쏙 숨어 있는 걸 발견할 수도 있어요! 나방 또한 수많은 속임수 기술을 가지고 있답니다. 어떤 나방은 커다란 눈처럼 보이는 무늬를 가지고 있고, 어떤 나방은 심지어 새똥처럼 보이기도 해요!

아름다운 우드 님프 나비

황제나방

돌처럼 보이는 메뚜기

사탄잎꼬리도마뱀붙이

## 상상만큼 놀라운 색깔 변신

꽃게거미는 먹이를 잡기 위해 거미줄을 치지 않아요. 대신에 앉아 있는 꽃의 색깔에 맞춰 하얀색에서 노란색으로 천천히 몸 색깔을 바꾸죠. 위장이라고 생각할 수도 있지만, 최근 연구에서 꼭 그런 효과가 있는 건 아니라는 사실이 밝혀졌어요. 혹시 지금 거미들이 오늘은 뭘 입을지 고민하고 있지는 않을까요?

꽃게거미

## 변장의 달인들

바다는 최고의 숨바꼭질 장소예요. 넙치, 문어, 오징어 같은 것들은 몸속에 '색소포(크로마토포어)'라는 특별한 세포를 가지고 있어요. 이 작은 풍선 같은 세포는 눌리면 색깔이 퍼지면서 주변 환경과 똑 닮은 복잡한 무늬를 만들어 내지요. 그래서 우리가 바닷속을 들여다보면 그들이 우리를 먼저 보고 숨어 버리는 걸 수도 있어요!

문어

## 바닷속 패셔니스타!

혹시 바다에서 산호 덩어리를 본 적 있나요? 자세히 보면 그건 긴집게발게일지도 몰라요! 이 게들은 바닷속에서 해조류, 해면동물, 심지어 버려진 플라스틱 조각까지 주워서 몸에 붙여 위장을 하며 멋을 낸답니다. 반면 나뭇잎해룡은 애초에 해초처럼 생겨서 따로 꾸밀 필요가 없지요.

나뭇잎해룡

피그미해마

긴집게발게

## 보이지 않기 위해 빛나요

물속 깊은 곳을 헤엄치는 포식자에게 어두운 오징어 그림자는 아주 맛있는 간식처럼 보일 수 있어요. 매오징어는 자기 몸에서 빛을 내는 능력, 즉 생물 발광을 이용해 수면 위에서 내려오는 빛과 자신의 몸을 똑같이 밝게 만들어서 아무것도 보이지 않게 하는 거죠. "여기에는 아무것도 없으니 그냥 지나가세요" 하는 속임수인 셈이죠.

매오징어

## 사바나에 숨은 동물들

아프리카 사바나의 금빛 초원에는 지구에서 가장 널리 알려진 동물들이 살아요. 다만 그들이 잘 보이지 않을 뿐이죠. 왜일까요? 잘 숨는 게 곧 생존이기 때문이에요. 이 뜨겁고 건조한 들판에서 수염 한 가닥 차이로 살아남을 수도 들킬 수도 있으니까요.

### 무늬 속에 숨기

자연에서는 몸의 윤곽이 눈에 잘 띄면 들키기 쉬워요. 그래서 많은 동물이 점무늬나 줄무늬 따위를 이용해 몸을 감추는 거예요. 예를 들어 얼룩덜룩한 풀밭에 있는 치타는 얼룩무늬가 있으므로 몸을 안전하게 숨길 수 있죠. 다행히 풀을 뜯어먹는 동물들은 이 사실을 잘 알아요. 그래서 누군가의 저녁 식사가 되지 않으려고 몸에 완벽한 무늬를 갖추고 있죠.

치타

임팔라

아프리카사자

## 자연을 느끼는 특별한 감각

자연 속에서는 모든 감각이 살아남는 데 도움이 돼요. 주로 밤 사냥을 하는 아프리카사자는 눈 뒤쪽에 특별한 거울을 가지고 있어 달빛을 반사하므로 시력이 더 예민해지죠. 게다가 사자는 파충류나 양서류처럼 입안에 냄새를 '맛보는' 감각 기관이 있어, "음, 맛있는 냄새! 임팔라가 근처에 있군!" 하고 알아차리죠.

## 줄무늬의 진짜 역할?

예전에는 얼룩말의 줄무늬를 위장을 위한 것으로만 생각했지만, 사실은 정말 작지만 괴로운 위협을 피하기 위한 것이기도 해요. 파리들은 흑백 줄무늬 활주로 위에 착지하는 데 어려움을 겪기 때문에, 얼룩말은 귀찮은 파리를 피할 수 있거든요. 이 줄무늬는 체온 조절에도 도움을 줄 수 있다고 알려져 있지만, 한 가지는 분명하죠. 얼룩말은 언제나 파티에서 가장 멋지게 차려입은 손님이랍니다.

기린

얼룩말

# 자연 속 변화의 비밀

자연 속에서는 모든 것이 끊임없이 변화해요. 무늬가 달라지고, 색깔이 바뀌고, 심지어 살기 위해 완전히 다른 모습으로 변하기도 하죠. 그 변화는 하루 만에 일어나기도 하고, 평생에 걸쳐 천천히 또는 수 세대에 걸쳐 길고 긴 시간 동안 일어나기도 해요. 그리고 결국 더 나은 모습으로 진화해 가죠!

어른 플라밍고와 새끼

## 핑크빛 변신!

플라밍고는 태어날 땐 회색 솜뭉치지만, 먹이로 섭취하는 조류(말무리)에 있는 색소인 카로티노이드 덕분에 점점 화사한 분홍색으로 바뀌어 가요. 하프물범 새끼는 햇빛을 잘 흡수해 몸을 따뜻하게 하기 위해 연한 색 털을 가지고 태어나요. 지방층이 생길 때까지 그렇게 체온을 유지하는 거죠. 초록나무비단뱀은 처음에는 바나나 같은 노란색이다가 점점 숲속에서 숨기 좋은 초록빛으로 변신한답니다!

어른 초록나무비단뱀과 새끼

어른 엠페러엔젤피시와 새끼

어른 하프물범과 새끼

## 무늬에 비밀이 있어요

점무늬랑 줄무늬는 안 어울린다고 누가 그랬나요? 어린 엠페러엔젤피시는 처음에는 지문처럼 생긴 동그란 무늬를 가지고 있지만, 자라면서 파란색과 노란색 줄무늬로 바뀌어요. 멧돼지 새끼는 부드러운 줄무늬를 가지고 있어서 숲속 덤불에 쏙 숨고요. 그러다 몸집이 커져 스스로를 지킬 수 있게 되면 줄무늬가 사라지죠.

어미 멧돼지와 새끼

## 시간이 오래 걸릴 수도 있어요

찰스 다윈은 1835년 갈라파고스 제도를 방문했을 때 무척 흥미로운 점을 발견했어요. 거대한 거북이들의 등딱지 모양이 섬마다 모두 달랐던 거예요! 어떤 거북이는 둥근 돔 모양의 등딱지를, 어떤 거북이는 안장 모양의 등딱지를 가지고 있었죠. 그 덕분에 긴 목을 쭉 뻗어 키 큰 선인장을 먹을 수 있었어요. 다윈은 이렇게 생각했죠. "혹시 이 거북이들은 오랜 시간에 걸쳐 자신이 사는 환경에 맞게 서서히 변화한 건 아닐까?"

## 미래의 변화는 어디로?

변화는 아직 끝나지 않았어요. 녹색아놀도마뱀은 원래 나무의 아래쪽 가지에서 살았는데, 침입 종에게 그 자리를 빼앗긴 뒤 더 높은 나뭇가지로 올라가 살기 위해 크고 끈적끈적한 발가락을 가지게 된 거죠. 황갈색올빼미는 원래 희끗희끗한 회색이었으나, 지구가 점차 더워지면서 갈색 얼룩무늬로 변해 가고 있어요. 따뜻해진 숲속 환경에 몸을 숨기려면 어쩔 수 없답니다.

## 집으로 가는 길

길을 찾는 일이 지금처럼 쉬운 적은 없었지요. 지구 전체 지도가 담긴 스마트폰을 주머니에 넣고 다니며 손가락으로 꾹 누르고 슥 밀기만 하면 되니까요. 그런데 한편으로는 어떤 길을 가야 할지 여전히 어렵기만 합니다. 세상은 너무 복잡하고, 빠르게 바뀌고 있으니까요. 어쩌면 우리는 아주 작은 생물들한테 배워야 할 게 있을지도 모르겠어요. 이미 '집으로 가는 길'을 훤히 알고 있는 친구들 말이에요.

### 보이지 않는 자석 같은 지구의 힘

우리가 살고 있는 이 지구가 거대한 회전 자석이라는 사실을 가끔 잊고 지내죠. 철새, 연어, 바다거북 같은 동물들은 바로 이 지구 자기장을 이용해 매우 먼 거리도 척척 찾아가요. 그리고 신기하게도 자신이 태어났던 바로 그 장소로 정확하게 돌아와 짝짓기를 하여 새로운 생명의 순환을 출발시켜요.

## 몸으로 수다 떠는 꿀벌들

꿀벌들은 완벽한 꽃을 찾기 위해 여러 가지 비밀 무기를 숨기고 있어요. 그래서 꿀벌들은 풍경을 기억하고, 태양의 위치를 계산하고, 향기를 따라 벌집으로 돌아갈 수 있는 거죠. 그런데 말이에요, 이 모든 정보를 다른 벌들에게 어떻게 알려 주는 걸까요? 바로 엉덩이로 와글 댄스를 추는 거예요! 이 춤으로 꽃이 어디에 있는지를 알려 주는 거죠. 꿀벌들은 정말 똑똑하지 않나요?

## 딱정벌레류와 별빛

쇠똥구리에게는 자기가 모은 똥을 어느 방향으로 굴릴지 아는 것이 정말 중요해요. 과학자들은 딱정벌레가 밤하늘의 은하수 빛을 따라 방향을 찾는다는 사실을 밝혀냈어요. 하지만 요즘 밤하늘은 위성들과 도시 불빛으로 어지럽지요. 이건 우리가 만들어 낸 변화 때문에 가장 작은 생물들조차 길을 잃을 수 있다는 경고이기도 하답니다.

## 환영받지 못한 손님들

'태즈메이니아 호랑이'라는 이름도 갖고 있는 태즈메이니아 주머니늑대는 한때 오스트레일리아 본토의 메마른 숲속을 조용히 돌아다니는 수줍고 온순한 유대류였어요. 하지만 기후가 점점 변하고, 새로운 포식자 딩고가 들어오면서 생존을 놓고 치열한 경쟁을 벌여야 했죠. 결국 태즈메이니아 주머니늑대는 태즈메이니아섬을 제외한 모든 곳에서 사라졌고, 그 마지막 안식처에도 더 큰 위협, 바로 인간이 찾아오고 말았어요.

## 두 세계가 충돌할 때

우리는 왜 어떤 동물은 지켜야 할 존재라고 여기고, 또 어떤 동물은 해로운 존재라고 여길까요? 오스트레일리아에서 한때 사람들 사이에 태즈메이니아 주머니늑대가 가축을 해친다는 소문이 돌았어요. 그러자 정부는 태즈메이니아 주머니늑대를 잡아 오면 보상해 주겠다고 했지요. 하지만 실제로 문제를 일으킨 건 야생 들개일 가능성이 훨씬 컸죠. 그러나 때는 이미 늦었어요. 사람들은 두려운 존재에게 자비롭지 않거든요.

### 마지막 한 마리

마지막으로 기록된 태즈메이니아 주머니늑대는 동물원의 콘크리트 우리 안에서 생을 마감했어요. 생각하면 마음 아픈 일이죠. 한때 넓은 대륙을 누비던 동물에게 우리가 남겨 준 공간이 얼마나 작았는지 기억하는 건 참 중요한 일이에요. 그리고 안타깝게도 보호 대상 동물로 지정된 건 그들이 완전히 사라지기 불과 두 달 전의 일이었답니다.

## 영원히 사라진 존재들

멸종은 지구에서 전혀 새로운 일이 아니에요. 과거에 어떤 생명체는 잠깐 머물다 사라졌고, 어떤 생명체는 수백만 년을 살아남았죠. 오늘날 식물과 동물이 우리 곁에서 사라져 가는 속도는 예전과 달라요. 인류 역사상 가장 빠른 속도로 수많은 종이 지구에서 사라지고 있거든요. 우리는 과거의 실수에서 무엇을 배워야 할까요? 그리고 그 속도를 조금이라도 늦출 수 없을까요?

### 옳은 선택일까?

우리가 잃어버린 생명을 다시 만들 수 있다면, 과연 그렇게 해도 괜찮을까요? 과학자들은 태즈메이니아 주머니늑대나 매머드 같은 멸종 동물들을 되살릴 수 있는 DNA의 비밀에 가까이 다가가고 있어요. 하지만 이런 질문을 함께 생각해 봐야 해요. 우리가 너무 많이 바꿔 놓은 이 세상에 그 동물들을 다시 데려오는 게 정말 올바른 일일까요?

## 사라진 존재들이 우리에게 남긴 것

역사책을 펼치면 우리가 다시는 만날 수 없는 생명체들이 그림과 사진으로 남아 있어요. 어떤 종은 우연한 실수로 사라졌지만, 또 어떤 종은 결코 실수가 아닌 이유로 사라졌지요. 잡아먹으려고 혹은 재미 삼아 사냥한 것이죠. 과거는 되돌릴 수도 바꿀 수도 없으나, 지금 우리 곁에 있는 생명들을 보호하고 지킬 방법은 있습니다.

### 날개는 있지만 날 수 없었던 새들

인간은 날지 못하는 새들에게 그다지 친절하지 않았어요. 도도새나 큰바다쇠오리 같은 새들은 작은 섬의 환경에 완벽하게 적응한 동물들이었죠. 하지만 날 수 없다는 건, 섬에 도착한 선원들에게는 너무 쉬운 표적이라는 뜻이었어요.

1662년에 멸종된
도도새

1844년에 멸종된
큰바다쇠오리

1799년에 멸종된
파란영양

1768년에 멸종된
스텔러바다소

### 조용해진 바다

예전에 베링해의 얕은 해초 사이로 온순하고 거대한 생명체가 떠다녔어요. 그 이름은 스텔러바다소. 이 바다소는 듀공의 친척으로, 몸길이가 무려 9미터까지 자랐어요. 느린데다 경계심이 없었기 때문에 사람들에게 너무나도 쉽게 사냥감이 되고 말았죠. 이 온순한 생명체는 그렇게 역사 속으로 사라졌어요.

1914년에 멸종된
여행비둘기

## 달팽이 조지를 지키지 못했어요

늑대달팽이는 해로운 아프리카 랜드달팽이를 없애기 위해 하와이에 들여온 외래종 달팽이였어요. 그런데 문제는, 이 달팽이가 아프리카 랜드달팽이만 먹은 게 아니라 작고 소중한 토종 달팽이들까지 먹어 치웠다는 거예요. 그중 하나가 바로 하와이안 나무달팽이인데, '조지'라는 이름의 마지막 한 마리는 보호 시설에서 생을 마감했답니다.

2019년에 멸종된
하와이안 나무달팽이

## 텅 빈 하늘

한때 북아메리카의 하늘은 여행비둘기 떼로 가득 찼었죠. 청동빛 배를 가진 이 새들의 거대한 무리는 땅 위의 사냥꾼들에게는 완벽한 표적이었어요. 그러나 사냥으로 얻은 작은 보상은, 훨씬 큰 상실로 이어지고 말았지요.

1940년대에 멸종된
서세스블루

1979년 멸종된
윈난호반영원

2015년에 멸종된
브램블케이 멜로미스

1989년 멸종된
황금두꺼비

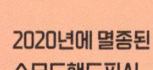

2020년에 멸종된
스무드핸드피시

## 우리가 미처 알기도 전에 사라진 생명들

어떤 생물이 멸종했다고 결론짓는 건 신중해야 하는 일이에요. 먼저 그 생물이 정말 존재했었는지를 증명해야 하고, 그다음엔 수십 년 동안 아무도 보지 못했다는 사실을 확실하게 밝혀야 하죠. 몸집이 큰 포유류가 사라지는 건 쉽게 알아차리지만, 작은 물고기같이 눈에 잘 안 띄는 생물들은 아무도 모르는 사이에 사라져 버릴 수 있거든요. 우리가 미처 알기도 전에 사라진 생명들은 얼마나 많을까요?

47

## 위험에 처한 생명들

국제자연보전연맹(IUCN)은 멸종 위기에 놓인 생명체들의 목록을 만들어요. 이 목록에는 이미 멸종된 종부터 취약종, 위기종*, 위급종**이 포함되지요. 목록은 매우 긴데 안타깝게도 갈수록 길어지고 있어요. 멸종 위기 생명체들의 규모와 심각성을 제대로 이해해야만, 우리가 이 문제를 해결할 수 있다는 희망을 품게 된답니다.

* 개체 수가 매우 적어 멸종할 가능성이 높은 종.
** 멸종될 위기에 처한 종.

## 바닷속 이야기

세상에서 가장 멋진 숲은 땅 위가 아니라 바닷속에 있어요! 살랑이는 해초숲과 알록달록한 산호초에는 바다 생명체 수백만 마리가 살아가고 있지요. 그중에는 아직 이름조차 붙여지지 않은 생물들도 많답니다. 기후가 점점 따뜻해지면서 바다가 그 열을 대부분 흡수하고 있어, 그 결과 전 세계 산호초의 3분의 1이 사라질 위기에 직면해 있답니다.

## 점점 심각해지는 멸종 문제

화려한 깃털을 가진 새와 커다란 눈을 가진 동물은 달력에 등장할 만큼 주목을 받지만, 우리 주변에서 자라는 식물과 균류는 소리 없이 빠르게 사라지고 있어요. 공룡의 먹이였던 소철류의 3분의 2, 꽃을 피우는 식물의 4분의 1, 지구에 뿌리내린 나무의 3분의 1이 지금 멸종 위기에 처해 있거든요.

### 작지만 소중한 존재들

우리가 먹는 과일에 꽃가루를 옮겨 주고, 쓰레기를 자연으로 되돌려 주고, 지구에서 함께 살아가는 다른 동물들의 먹이가 되기도 하는 존재, 그건 바로 수백만 종의 곤충이에요. 이렇게 세상을 소리 없이 지탱해 주는 작은 생물들이 지금 큰 위기에 놓여 있어요. 그 이유 중 하나는 농작물에 뿌리는 각종 화학물질이에요. 이 작은 생명체들에게는 치명적인 독이 될 수 있거든요.

### 서로 연결된 자연

하나의 생물만 놓고 보면 생태계를 온전히 이해하기 어려워요. 꽃 한 송이가 멸종 위기에 놓이면 그 꽃가루를 먹는 곤충의 식량이 줄어든다는 뜻이에요. 산호 하나가 하얗게 바래면 물고기가 숨을 곳 하나가 줄어든다는 뜻이 되고요. 하지만 다행히도 좋은 영향 역시 퍼져 나간답니다! 생물 한 종을 지켜 내 그 이름이 멸종 위기 목록에서 지워지면 다른 종이 살아갈 수 있는 기회를 얻게 되거든요.

## 멸종의 문턱에서 살아난 희망

화산이 잠든 우거진 숲속, 한 무리의 고릴라 가족이 대나무와 야생 샐러리를 우적우적 씹으며 점심을 먹고 있어요. 이들은 인간과 무척 가까운 친척 중 하나로, 우리는 이 소중한 생명을 영원히 잃을 뻔했었죠. 그러나 정말 다행히 아슬아슬한 순간에 우리가 행동에 나섰던 것 같아요.

### 하나의 가족으로 살아가는 고릴라들

마운틴고릴라는 큰 가족을 이루고 돌아가며 새끼들을 돌보지요. 그들은 먹이를 찾고, 쉬고, 끈적끈적한 덤불 사이를 뒹굴며 하루를 보냅니다. 그리고 무리의 우두머리인 실버백 고릴라는 무리를 살피고 보호하는 역할을 하죠. 해가 지기 시작하면 잎사귀로 푹신한 둥지를 지어 포근한 잠자리에 들며 하루를 마무리해요.

### 진퇴양난에 빠진 고릴라들

마운틴고릴라는 인간 세상의 문제에 휘말려 큰 어려움을 겪고 있어요. 그들이 살아가는 숲은 농장을 만들기 위해 대부분 사라졌고, 그나마 남은 숲은 전쟁의 흔적과 밀렵꾼의 덫이 차지하고 있어요. 게다가 마운틴고릴라는 DNA의 98퍼센트를 우리와 공유하기 때문에 우리가 걸리는 질병에 쉽게 걸리죠.

## 모두가 더불어 살아가는 법

내 가족을 먹여 살리기도 힘든데 다른 생물을 보호하는 일은 생각처럼 쉽지 않아요. 야생이 남아 있는 마지막 지역 주변에 사는 사람들은 대부분 넉넉하지 않은 형편 속에서 살아가고 있어요. 살아남으려면 어쩔 수 없는 선택을 해야 했던 적도 많지요. 하지만 이제는 관광이라는 새로운 기회가 생겼어요. 덕분에 이 멋진 고릴라들을 보호하면서, 지역 주민들도 생계를 이어 갈 길을 찾을 수 있게 되었답니다.

## 희망이 흐름을 바꾼다

20세기 후반 야생에 남아 있는 산악고릴라는 300마리도 채 되지 않았어요. 그런데 수십 년 동안 이어진 보호 운동과 지역 사회의 노력 덕분에 지금은 1,000마리가 넘게 되었어요! 물론 여전히 멸종 위기종으로 분류되어 있지만, 이건 분명히 축하할 만한 소중한 변화가 아닐까요?

## 이제 남은 일은 우리 몫이에요

그리 오래전 이야기가 아니에요. 우리는 한때 하마터면 지구에서 가장 큰 동물을 잃을 뻔했지요. 사람들은 기름과 뼈, 가죽을 얻으려 고래들을 사냥했거든요. 지금도 몇몇 곳에서는 사냥이 계속되고 있어요.

그러나 이 온순한 거인들은 사라지지 않았답니다. 우리는 새로운 길을 찾았고, 침묵에 잠겼던 바다가 다시 노래로 가득 차고 있어요. 세상에서 가장 거대한 존재인 고래를 지켜 낼 수 있었으니 분명 가장 작은 존재들도 지켜 낼 수 있지 않을까요?

## 돌아온 친구들

예전에는 유럽의 강가마다 비버들이 살았어요. 그런데 16세기 사람들은 비버의 부드러운 털은 신사들이 쓰는 모자를, 향기가 나는 분비샘은 고급 향수를 만드는 데 안성맞춤이라고 생각했답니다. 그 결과, 비버들은 많은 나라에서 모습을 감추고 말았어요. 하지만 수백 년이 지난 지금, 우리는 비버들을 자연으로 돌려보내고 있어요. 그들이 예전처럼 강과 숲을 가꾸며 살아갈 수 있도록요.

## 세상을 바꾸는 작은 힘

비버가 쌓는 댐은 단순한 나뭇가지 뭉치가 아니에요! 이 댐은 탄소를 저장해 지구 온난화를 늦추는 데 도움을 주고, 강물이 한꺼번에 흐르는 걸 막아 홍수 피해도 줄여 주거든요. 물론 우리는 해결해야 할 많은 지구의 문제를 안고 있죠. 하지만 우리가 모르는 사이 이미 자연에게서 도움을 받고 있는 걸지도 몰라요.

### 생태계의 일꾼 비버

비버는 생태계의 핵심 종이에요. 말하자면 생태계를 건강하게 유지하는 데 매우 큰 역할을 한다는 뜻이죠. 비버가 만든 댐은 강물을 천천히 흐르게 해서 연못을 만들고, 그곳은 곤충과 개구리가 살아가기에 아주 좋은 습지가 되죠. 또 비버가 쓰러뜨린 토종 나무들은 다시 풍성하게 자라 새들과 작은 동물들에게 훌륭한 보금자리가 되어 준답니다.

# 잃어버린 친구와 다시 만나다

해가 물속으로 저물어 갈 무렵 나뭇가지를 모으려 차가운 스코틀랜드 강 위를 바삐 헤엄치며 오가는 건축가 가족이 있어요. 이들은 바로 유럽비버로, 400년 만에 처음으로 이곳에 돌아온 비버들이랍니다! 인간은 오랫동안 자연환경에 큰 상처를 입혀 왔죠. 그러나 이제라도 신중하게 계획하고 행운이 조금 따라 준다면 흐름을 늦출 수 있을 거예요. 아니, 어쩌면 흐름의 방향까지 바꿀 수 있을지도 몰라요.

### 함께 나누는 세상

400년이라는 시간 동안 세상은 엄청나게 변했어요. 울창하던 숲과 구불구불 흐르던 강은 이제 대부분 농지로 변해 버렸지요. 그래서 어떤 사람들은 다시 돌아온 동물들이 농업과 산업에 영향을 주지나 않을지 걱정하기도 해요. 무척 어려운 문제지만, 서로 이야기 나누며 함께 길을 찾아갈 수 있을 거예요. 비버들이 나뭇가지를 하나하나 모아 둑을 쌓듯이 우리도 한 걸음씩 천천히 나아가면 할 수 있겠죠.

# 다시 야생으로

자연은 스스로 균형을 맞추는 능력을 갖고 있어요. 초식 동물들은 풀과 덤불을 뜯어먹지만, 새들이 숨을 공간을 남겨 둬요. 또 덩치 큰 포식자들은 초식 동물을 잡아먹어 개체 수를 조절하여, 숲이 너무 빠르게 사라지지 않도록 하죠. 그리고 작은 새들은 초식 동물의 등에 올라타서 공짜로 이동하는 대신 곤충을 잡아 주며 서로 돕고 살아간답니다!

### 세렝게티로 돌아온 검은꼬리누

아프리카 세렝게티 초원에 살던 검은꼬리누 숫자가 갑자기 크게 줄어든 적이 있어요. 이웃 지역의 가축들에게 퍼진 전염병 때문이었죠. 검은꼬리누가 사라지자 풀은 점점 우거지고, 들불이 빠르게 번졌어요. 천만다행으로 가축들을 위한 백신이 개발되어 수백만 마리 검은꼬리누가 다시 세렝게티를 가로질러 이동할 수 있게 되었답니다.

검은꼬리누

회색 늑대

### 다시 들려오는 늑대 울음소리

예전에는 늑대들이 미국 옐로스톤 국립 공원을 자유롭게 돌아다녔어요. 하지만 지난 세기에 사람들이 늑대들을 무분별하게 없애 버리면서 밤하늘은 쓸쓸한 침묵에 잠기고 말았죠. 늑대라는 최상위 포식자가 사라지자, 와피티사슴의 수가 급격히 불어 초원을 마구 뜯어먹었어요. 그러나 늑대가 돌아오자 무너졌던 생태계가 서서히 균형을 되찾기 시작했어요.

### 느리지만 멈추지 않고

진화를 이해하는 데 매우 중요한 갈라파고스땅거북을 기억하나요? 우리는 그렇게 소중한 거북들을 멸종 위기에 빠뜨리기도 하고, 심지어 어떤 종은 완전히 사라지게 했어요. 다행히 번식 프로그램을 통해 거북의 개체 수는 점점 늘어나고 있어요. 거북 한 마리가 무려 1,000마리 이상의 아빠가 되며 종을 되살리는 데 큰 기여를 했답니다!

갈라파고스땅거북

## 워일리는 어디에 있을까?

예전에는 워일리들이 오스트레일리아 대륙의 3분의 2를 신나게 뛰어다녔어요. 땅을 파고 다시 채우면서 자연을 건강하게 돌보는 작은 수호자들이었죠. 그런데 외래 포식자들이 들어오면서 이 작은 야행성 유대류는 심각한 피해를 입고 개체 수가 줄어들고 말았어요. 지금은 지역 사회와 원주민 리더들이 힘을 모아 워일리들이 다시 뛰어오를 수 있도록 돕고 있답니다!

## 다시 찾아온 기회

에콰도르 산악 지역의 구름 덮인 숲속에서 한 무리의 과학자들이 빽빽한 풀숲을 헤치며 유령 같은 존재를 찾아 헤매고 있어요. 그들이 찾는 건 가스테란투스 익스팅크투스, 즉 '멸종된'이라는 이름을 가진 밝은 주황빛 꽃이랍니다. 이 꽃은 이름과는 달리 완전히 사라지지 않았지요. 아주 소수지만 마지막으로 남은 열대 우림 한 귀퉁이에 꿋꿋이 살아남아 있었던 거죠. 가끔은 이렇게 우리가 영영 잃어버렸다고 생각한 것들을 다시 지킬 기회를 얻을 수 있답니다.

### 비밀스러운 안식처

안데스산맥 아래 가느다란 능선에는 세상 어디에도 없는 특별한 식물들이 자라고 있어요. 이 축축한 숲의 90퍼센트 이상이 농사를 짓기 위해 베어지고 사라졌어요. 그런데 과학자들은 위성 지도를 이용해 갈색으로 변해 버린 땅 사이에 살아남은 초록빛 조각들을 발견했지요. 바로 잃어버린 꽃들의 비밀스러운 안식처였던 거예요!

### 완전히 사라지진 않았어요

드물게는 이미 멸종되었다고 생각하는 생물이 다시 모습을 드러내기도 해요. 1950년대 북대서양의 외딴 바위섬에서 바닷새인 버뮤다슴새 한 무리가 발견되었어요. 300년 동안 멸종된 것으로 알려졌던 새이죠. 이 새들은 일 년에 알을 단 한 개만 낳지요. 그렇지만 한 마리, 또 한 마리 천천히 개체 수를 늘려 가고 있어요. 아직도 멸종 위기에 처해 있긴 하지만, 분명히 살아 있습니다.

### 숲속에서 피어난 희망

이건 단순히 아름다운 꽃이나 높이 나는 바닷새에 관한 이야기가 아니에요. 이 작은 식물들과 동물들은 우리에게 소중한 메시지를 전해 준답니다. 모두가 사라졌다고 믿는 순간에도 희망은 어딘가에서 조용히 자라고 있을지 몰라요. 중요한 건 우리가 그 희망을 바라보려는 마음을 잃지 않는 거예요.

# 잃어버린 세계로 떠나는 나침반

지도 없이 잃어버린 세계를 탐험할 순 없겠죠?
이 나침반을 따라 시간을 거슬러 올라가,
그곳에 살았던 사람들과 생물들을 만나 보세요!

# 길을 찾아서

우리의 거칠고 놀라운 세계를 탐험하는 건 험난한 일이지요.
하지만 길을 찾는 방법을 아는 현명한 선생님들이 여기 있어요.

## 소리를 내봐요!

새로운 친구를 찾거나 적에게 경고하고 싶다면 소리를 내보세요. 포효하고, 꽥꽥거리거나 길게 울부짖으면 돼요. 만약 당신의 흔적이 화석이 되어 남는다면, 당신의 소리가 시간 너머로 메아리칠지도 몰라요.

## 멋지게 차려입어요!

자연에는 뽐내기를 좋아하는 패셔니스타들이 얼마든지 있어요. 화려한 프릴, 알록달록한 볏, 뾰족한 꼬리, 어떤 스타일이든 좋아요. 혹시 눈에 띄고 싶지 않다면 멋진 무늬나 색깔을 바꿀 수 있는 피부를 이용해도 되고요. 아예 다른 친구들의 모습을 흉내 내는 것도 방법이죠!

## 별을 따라가세요

쇠똥구리와 옛날 뱃사람들은 비밀 하나를 알고 있었어요. 가장 밝게 빛나는 별을 따라가면 언제든 집으로 돌아갈 수 있다는 것이죠. 오래전 천문학자들은 하늘을 가로지르는 태양과 달을 추적하는 특별한 장치를 만들었어요. 다만 아직 그 장치의 조각들을 모두 찾아내지 못했답니다.

## 뒤를 돌아보세요

인간은 참 많은 실수를 저질렀어요. 욕심과 무지 때문에 수많은 생명이 이 세상에서 사라졌죠. 우리가 지금처럼 계속 살아간다면, 앞으로 더 많은 생명이 사라질 거예요. 먼저 이 길을 걸어간 이들이 남긴 발자취를 돌아보고, 이제 어떤 선택을 할지 생각해 봐야 해요.

## 그리고 앞을 내다보세요

우리 세계엔 여전히 알려지지 않은 비밀이 가득해요. 이 책에 등장한 생물들만으로도 신기한데, 우리가 아직 발견하지 못한 화석과 생물은 얼마나 놀라울까요? 운이 좋다면 영영 잃어버렸다고 생각했던 것들과 다시 만날 수 있을 거예요.

## 배운 걸 전해 주세요

우주의 비밀을 알아내는 건 정말 멋진 일이지만, 혼자만 알고 있다면 아무짝에도 소용이 없죠. 동굴 벽에 그림을 그리거나 노래로 부르거나 편지에 적어 남기세요. 어떤 방법이든 좋으니 누군가가 찾을 수 있도록, 당신이 배운 것을 세상에 반드시 남겨 두도록 해요.

# 용어 사전

**고고학자** 과거 사람들이 남긴 유물을 연구하여 인류의 역사를 밝히는 과학자.

**고생물학자** 아주 오래전 지구에 살았던 생물들의 흔적을 연구하는 과학자.

**대멸종** 동물이나 식물이 새로운 생명으로 채워지기도 전에 훨씬 빠른 속도로 사라지는 일을 말해요. 지질학적으로 280만 년 이내에 전 세계 생물종의 약 75퍼센트가 사라지는 경우를 뜻하죠. 공룡을 멸종시킨 거대한 운석 충돌이 대표적인 대멸종 사건이에요.

**생물 발광** 일부 생물이 몸속의 화학 반응을 통해 빛을 만들어 내는 현상. 예를 들자면 반딧불이는 배에서 빛을 내고, 매오징어(37쪽 참고)는 자신을 감추기 위해 빛을 이용해요.

**영구 동토층** 땅이나 바다 밑바닥이 최소한 2년 이상 완전히 얼어 있는 곳을 말해요. 툰드라 지역의 땅은 영구 동토층으로 여겨진답니다.

**진화** 생물이 오랜 세월 동안 환경에 적응하면서 변해 가는 과정. 수백만 년에 걸쳐 각 세대가 조금씩 더 강하고 적응력이 뛰어난 모습을 가지게 돼요.

**툰드라** 지구 북쪽 끝에 펼쳐진, 나무가 거의 없는 넓은 평야를 가리켜요. 툰드라 지역의 땅속 깊은 곳은 항상 얼어 있는 영구 동토층으로 되어 있어요. 그리고 비가 거의 내리지 않기 때문에 툰드라도 일종의 사막으로 분류된답니다.

# 찾아보기

**ㄱ**

갈라파고스제도 41
거대 동물 14, 15
고고학자 19, 24, 25, 29
고대 그리스인 25
고생물학자 10
곤충 8, 55, 56
공룡 8~14, 20, 48
꽃 8, 36, 43, 48, 58, 59
국제자연보전연맹(IUCN) 48
꿀벌 48
균류 13, 48
기후 14, 44, 48
기후 변화 19

**ㄴ·ㄷ·ㅁ**

난파선 27~29, 31
대멸종 12, 13
도시 7, 18~20, 22~25, 32, 43
동굴 벽화 16, 60
등대 32, 33, 60
마야 21
마운틴고릴라 50
마추픽추 18, 19
매머드 14, 16, 45
멸종 16, 45~48, 50, 58
멸종 동물 45
멸종 위기 48, 49, 56
멸종 위기종 48, 51

**ㅂ·ㅅ**

바다 7, 8, 24, 26, 27, 32, 33, 37, 46, 48, 52
바닷속 7, 24, 27, 28, 30~32, 37, 48
배 7, 26~30, 32
백악기 8, 10, 11
베링해 46
보물 27~29
보존 22
북극 34, 65
사바나 38
산호 37
새 10, 13, 27, 46, 47, 55, 56, 58
생명체 7, 12~15, 45, 46, 48, 49
생물 발광 37
숲 13, 38, 50, 54~56, 58
숲속 15, 21, 40, 41, 44, 50, 58, 59
스밀로돈 15
식물 8, 15, 45, 48, 58, 59
신 19, 23, 24

**ㅇ·ㅈ**

아즈테카 왕국 19
악어 12
야생 50, 51, 56
양서류 39
양치식물 9, 10, 13
영구 동토층 35
웨들해 30

위장 36, 37
유럽비버 55
유적 18, 21
이집트 14, 24, 25, 32
인간/인류 12, 16, 17, 30, 32, 44~46, 50, 55, 61
인듀어런스 30, 31
잉카 제국 19
전쟁 19, 22, 50
종 12, 16, 41, 45, 46, 48, 49, 55, 56
쥐라기 10, 11
지구 24, 35, 38, 41, 42, 45, 48, 52, 54
진화 10, 12, 14, 40, 56
짝 9, 11
짝짓기 42

**ㅊ·ㅌ·ㅍ·ㅎ**

찰스 다윈 41
초원 14, 38, 56
타이타닉 28
토니스헤라클레이온 24, 25
파충류 39
페트라 20
포식자 9, 15, 37, 44, 56, 57
포유류 9, 12, 14, 47
폼페이 22, 23, 60
항해 7, 26, 27, 32
화석 9, 10, 13, 16, 20, 61

**글·그림 제스 맥기친** Jess McGeachin

오스트레일리아의 떠오르는 그림책 작가이자 일러스트레이터입니다. 대학 졸업 후 그래픽 디자이너로 일하다 뒤늦게 그림책 작업을 시작했습니다. 특히 과학 삽화가로 일한 어머니와 멜버른 박물관에서 일한 경험이 자연과 숨겨진 세상에 대해 상상하고 그것을 그림으로 옮기는 데 큰 도움이 되었습니다. 2019년 첫 그림책 《Fly》로 오스트레일리아 아동도서위원회(CBCA) 크라이튼상 후보와 퀸즈랜드 문학상 최종 후보에 올랐습니다. 그리고 《DEEP 딥》은 2023년 CBCA 이브 포널상을 수상했고, 《HIGH 하이》는 2024년 CBCA 이브 포널상 부문의 '주목할 만한 도서'에 선정되었습니다. 이 밖에도 아홉 권의 책을 펴냈습니다.

**옮긴이 신영**

30년 동안 책을 만들어 온 편집자입니다. 책과 사람 그리고 삶에 대해 늘 고민하며 다양한 분야의 책을 세상에 소개해 왔습니다. 특히 어린이를 위한 책은 어른을 위한 책보다 더 깊이 고민하며, 더 섬세한 시선으로 바라보게 됩니다. 《LOST 로스트》는 단지 멸종에 관한 이야기가 아니라 우리가 어떤 세상에 살고 있는지, 어떤 마음으로 살아가야 하는지를 묻는 책입니다. 그 물음에 응답하고 싶은 마음으로 이 책을 옮겼습니다.

# LOST 로스트

1판 1쇄 인쇄 2025년 6월 10일
1판 1쇄 발행 2025년 6월 18일

글·그림 제스 맥기친
옮긴이 신영

발행인 김기중
펴낸곳 도서출판 더숲
주소 서울시 마포구 동교로 43-1 (04018)
전화 02-3141-8301
팩스 02-3141-8303
이메일 info@theforestbook.co.kr
페이스북 @forestbookwithu
인스타그램 @theforest_book
출판신고 2009년 3월 30일 제2009-000062호

ISBN 979-11-94273-19-6 /3400

※ 이 책은 도서출판 더숲이 저작권자와의 계약에 따라 발행한 것이므로
  본사의 서면 허락 없이는 어떠한 형태나 수단으로도 이 책의 내용을 이용하지 못합니다.
※ 잘못된 책은 구입하신 곳에서 바꾸어 드립니다.
※ 책값은 뒤표지에 있습니다.
※ 여러분의 원고를 기다리고 있습니다. 출판하고 싶은 원고가 있는 분은
  info@theforestbook.co.kr로 기획 의도와 간단한 개요를 적어 연락처와 함께 보내주시기 바랍니다.

## 더숲 STEAM

### DEEP 딥

제스 맥기친 지음 | 윤영 옮김 | 정현철 감수 | 72쪽 | 17,000원

**우리가 미처 몰랐던 '깊은' 세상 이야기**

우리 몸·바다·숲·지구·시간·우주까지
깊고 깊은 곳에 숨겨진 세상에 관한 모든 지식!
생각의 깊이와 세상에 대한 시각을 키워 주는 책

**오스트레일리아 아동도서위원회(CBCA) 이브 포널상 수상**
**책씨앗 2024 하반기 초등 교과 연계 추천도서(3~4학년)**

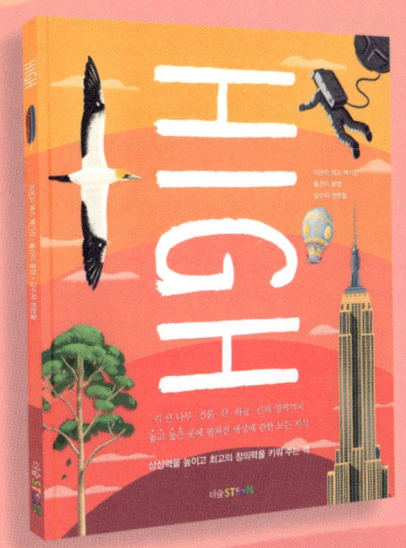

### HIGH 하이

제스 맥기친 지음 | 윤영 옮김 | 정현철 감수 | 72쪽 | 17,000원

**우리가 미처 몰랐던 '높은' 세상 이야기**

키 큰 나무·건물·산·하늘·신의 영역까지
높고 높은 곳에 펼쳐진 세상에 관한 모든 지식!
상상력을 높이고 최고의 창의력을 키워 주는 책

**오스트레일리아 아동도서위원회(CBCA) 이브 포널상 부문 '주목할 만한 도서'에 선정**